AF462032

21-23

Société d'Histoire, d'Archéologie et des Beaux-Arts de Chaumont

LE GRAND PARDON
DE CHAUMONT

24 Juin 1923

DÉPOT LÉGAL
Hte Marne
1923

Phie Maurice Laurent.

HISTORIQUE & PROGRAMME

8° Lk7 41266

AVANT-PROPOS

La Société d'Histoire, d'Archéologie et des Beaux-Arts de Chaumont, dans son Assemblée générale du 25 janvier dernier, avait décidé de faire éditer sous son patronage et par ses soins un opuscule sur le Grand Pardon de Chaumont, tombant le 24 Juin de cette année.

M. l'Archiprêtre Mettrier, ancien curé de Chaumont et notre collègue, sollicité de faire ce travail, avait bien voulu s'en charger ; ce fut une bonne fortune pour nous, car nul plus que lui n'était qualifié pour le mener à bien ; comme prêtre il avait toute autorité pour parler de cette fête ssentiellement religieuse, comme éru-

dit et comme lettré il avait toute compétence pour en traiter le côté historique. Notre attente ne fut pas trompée ; son travail est un des plus remarquables qui aient été écrits sur ce sujet ; il y a mis son cœur de prêtre et, je puis dire aussi, de Chaumontais, car le droit de cité lui est bien acquis par les vingt-trois années de vie sacerdotale qu'il a consacrées à notre ville. Sa notice, écrite avec une grande élévation de pensées, dans une langue riche et souvent imagée, nourrie de renseignements puisés aux meilleures sources, est assurée du plus vif succès auprès des pèlerins du 24 Juin.

Que M. l'Archiprêtre Mettrier veuille bien trouver ici l'expression des sentiments profondément reconnaissants de notre Société dont je suis heureux de me faire l'interprète.

M. LEREUIL,

Président de la Société
d'Histoire, d'Archéologie et des Beaux-Arts
de Chaumont.

LE

GRAND PARDON

du 24 Juin 1923

RF IMPRIMÉS

Oui, causons un peu du *Grand Pardon* prochain. Où n'en cause-t-on pas, déjà, dans la région Haut-Marnaise et au-delà, à Chaumont surtout, au foyer, au salon, au bureau, à l'atelier, au magasin, au Marché, aux champs, dans la rue, en chemin de fer ? Il est rare que, dans une conversation de cinq minutes, ce *grand* mot n'arrive aux lèvres, tant la chose hante les cerveaux, son souvenir revient aux mémoires et la perspective de sa réédition prochaine charme déjà les imaginations.

Les *vieux* Chaumontais qui le demeurent et même ceux qui ont cessé de l'être, ayant élu domicile ailleurs, savent ce que nous voulons dire. Le Grand Pardon est une institution intangible, sans laquelle Chaumont ne serait plus Chaumont. Ils y pensent. Ils s'y préparent. Ils ont commencé de se concerter pour une réalisation magnifique qui dépassera toute les précédentes. Dès l'aube de l'année, ils se sont éveillés avec leur plan en tête.

Les *Chaumontais de Chaumont* ont écrit, dans leurs lettres de cet an jubilaire, à leurs amis du dehors qu'ils comptaient sur eux. Ceux du dehors se sont invités et ne manqueront pas cette belle occasion de revoir leur petite Patrie qui n'est jamais si accueillante qu'à pareille date. Ce jour-là, la crise des logements cessera, momentanément du moins. Les maisons se seront agrandies et embellies à la fois. Des lits se dresseront partout et les tables auront des allonges merveilleusement élastiques. Ce n'est pas pour ces enthousiastes habitués des Grands Pardons que ces lignes sont écrites.

Mais il est des Chaumontais *nouveaux* et combien, depuis dix-sept ans, la plus grande période, peut être, qui ait jamais tant distancé deux Grands Pardons ! Celui de 1917 n'a pu être célébré. On sait pourquoi. Nul pardon n'était possible alors sans ceux qui voulaient d'abord, à tout prix, même au prix de leurs vies si généreuses, débarrasser la grande Patrie des impardonnables dévastateurs de nos beaux pays où par les plus odieux moyens ils ne voulaient « laisser ni une maison debout ni un être vivant ».

Ceux parmi les héroïques libérateurs qui sont allés, trop tôt et trop nombreux, au suprême Pardon de Dieu leur accordant, sans doute, en échange de leur sacrifice terrestre, leur entrée glorieuse dans la céleste et éternelle Patrie, ceux-là ne sauraient nous en vouloir de garder fidèlement une des traditions qui leur furent chères. Ils ne peuvent qu'applaudir au geste qu'ils auraient fait avec nous.

Les *Nouveaux Chaumontais*, c'est-à-dire tous ceux qui n'étaient encore que de jeunes enfants en 1906 et tous ceux qui, depuis lors, sont venus habiter cette ville, sûrement désirent aussi s'y associer. Ils se demandent avec une sympathique curiosité : Le Grand Pardon qui est, autour de nous, dans tant de bouches, qu'est-ce donc ?

C'est pour leur répondre que nous avons écrit ces notes où nous dirons ce que nous connaissons sur *l'antique origine du* Grand Pardon de Chaumont, sur son ***histoire ancienne et moderne*** et nous terminerons en donnant le *programme* du Grand Pardon de 1923.

BIBLIOTHÈQUE NATIONALE R.F.

CHAPITRE PREMIER

Son antique origine

Il nous est venu de Rome, de Rome « où, selon le mot de Dante, le Christ « s'est fait romain » en la personne de Pierre, son premier vicaire sur terre et des Pontifes romains qui lui succèdent, souverains dispensateurs des divins Pardons, avec les conditions, assurément bénignes, qu'il leur plaît d'imposer aux pêcheurs pénitents.

Le *Grand Pardon*, c'est le *Jubilé*, d'abord réservé à la ville de Rome où, des extrémités du monde les chrétiens allaient le gagner par de si laborieux et si méritoires pèlerinages. La cité des Papes, légitimement jalouse de ses privilèges, n'en était point prodigue à l'endroit des autres cités, surtout au temps où celui-ci a été octroyé à la nôtre.

Parmi les rares églises de France qui furent et sont encore favorisées de concessions pareilles, mais pour des échéances bien autrement éloignées, citons St-Jean de Lyon, quand la Fête-Dieu tombe le 24 juin, selon le dicton connu.

Quand Georges le crucifiera
Et que Saint-Jean le portera
Dans Lyon grand Jubilé sera.

Encore Notre-Dame du Puy, lorsque le Vendredi-Saint coïncide avec le 25 mars et, ainsi, la célébration du Mystère de la Rédemption avec celle du Mystère de l'Incarnation.

Comment une si bienveillante attention d'un Pape fut-elle appelée sur la lointaine et obscure bourgade de Chaumont, alors l'humble chef-lieu d'un bailliage, celui de la future Sainte Jeanne-d'Arc, mais qu'elle n'illustrait encore guère. Sa mémoire était à peine réhabilitée par l'autorité Pontificale.

Auprès de celle-ci venait de prendre une des premières places un Chaumontais éminent qui, le cœur bien fait, au sommet des grandeurs et si loin de sa petite patrie, ne la perdit jamais de vue.

Qui ne le connaît ? Chaumontais et étrangers ont pu voir, peut-être non sans quelque étonnement, son portrait à l'honneur, près de la chaire, en l'église Saint-Jean.

Jean de Montmirel, de Montmirey, Montmirail, de *Monte mirabili,* né à Chaumont en 1409, fut baptisé dans cette église où ses ancêtres avaient leur sépulture. Preuve de la considération dont sa famille jouissait dans la cité. Le mercier Guillaume de Montmirel et Isabelle Sibille, Sibilliotte ou Sebillotte lui avaient donné la vie.

Merveilleusement doué, leur fils devint le prêtre pieux et laborieux qu'il présageait, aussi simple et désintéressé que savant. Il refusa l'abbaye du Val des Ecoliers. Chapelain de l'église Saint-Jean, puis desservant de l'église Saint-Michel, malgré un compétiteur dont le concile de Bâle rejeta l'opposition, en 1460, il était chanoine de la cathédrale de Langres avec une maison canoniale qu'il y gardera jusqu'à sa mort.

Une lettre sur laquelle il avait écrit : *Reçu le* 15 *mai* 1471, *à Rome,* atteste qu'il y était à cette date. Ses connaissances en droit canonique, codifié seulement, au début du XX° siècle, qui n'était alors qu'une compilation très difficile à débrouiller, de Decrétales des Papes et de Décrets des Conciles, lui avaient valu son titre préféré de *Docteur ès-Décrets* dont il accompagnait volontiers sa signature. Ce qui le fit appeler à la Cour Romaine où fut bientôt appréciée sa compétence en affaires ecclésiastiques.

Sixte IV le prit en amitié et le nomma évêque de Vaison, au domaine des Papes d'Avignon, avec dispense de résider, pour l'avoir auprès de lui. Sa confiance en Montmirel était telle qu'il l'avait choisi pour Référendaire secret, avec le droit de modifier, à son gré, les lettres de faveurs pontificales. Rien d'étonnant qu'il ait usé de son influence romaine, non pas pour lui, mais pour sa ville natale restée si chère à son cœur Chaumontais.

Guy Bernard, un de ces évêques de Langres qui affectionnaient déjà l'église

Saint-Jean de Chaumont, bien qu'encore réduite à ses trois nefs sévèrement gracieuses du XIIIe siècle, à l'égal d'une seconde cathédrale, lui en voulait de n'être qu'une simple église de paroisse. Ses prêtres et ses notables paroissiens partageaient ce sentiment, tout prêts à de généreuses libéralités pour assurer des revenus convenables aux nouveaux dignitaires. C'était le Denier du Clergé d'alors. Jean de Montmirel ne devait pas être des moins empressés à y contribuer lui-même. Il laissa, par testament, au Chapitre de Chaumont, tout ce qu'il possédait dans le pays, son terrage de Villiers-le-Sec, avec usufruit en faveur de Nicole Delaharment, le second doyen, son neveu, nommé en raison de cette qualité qu'il joignait à un grand mérite personnel.

Cette affaire exigeait l'intervention de Rome. Entre les mains de Jean de Montmirel, elle ne connut pas la lenteur romaine.

Une Bulle du 18 décembre 1474 érigeait l'église paroissiale de Saint-Jean en Collégiale avec un doyen et douze chanoines, nés à Chaumont ou de familles Chaumontaises résidant ailleurs, choisis, à l'avenir, par les chanoines eux-mêmes. L'un d'eux, élu et révocable à leur gré, exerce les fonctions curiales. Le curé, Etienne de Clamenges et les douze chapelains qui desservaient la ville, en gardant leurs charges, devinrent les premiers doyen et chanoines.

Le 17 janvier 1475, une autre Bulle rattachait, à ce chapitre de Chaumont avec les chapelles de Saint-Jean, de Saint Michel, de Saint-Aignan et de Buxereuilles les cures de Bologne, Condes et Darmannes.

Une troisième Bulle, du 21 janvier, enlevait la Collégiale de Chaumont à la juridiction de l'évêque de Langres. Elle ne relevait plus que du Pape. Honneur pour elle mais au détriment de l'évêque. Celui-ci ayant réclamé sa chère église de Chaumont, elle lui fut rendue, après la mort de Jean de Montmirel par le second doyen, son neveu, le 3 mai 1480.

Par un compromis du 14 mars 1492, les bourgeois de Chaumont recouvrèrent également, avec leur droit de patronage, celui d'intervenir dans la nomination des chanoines que leur avait pris la Bulle d'érection.

Nous arrivons à la principale faveur papale, la seule qui ait bravé le temps et les révolutions, *tempus edax, homo edacior*. C'est le 6 des Ides, 8 février 1475, que la Bulle instituant le Grand Pardon a été fulminée par Sixte IV. Le Pape y écrivait, sûrement par sa plume chaumontaise : « Désirant honorer da-
« vantage et enrichir de grâces divines
« toutes spéciales cette même Eglise où
« notre vénérable Frère, Jean de Mont-
« mirel, évêque de Vaison, notre Réfé-
« rendaire, a été revivifié par l'eau Sain-
« te du Baptême et où reposent les
« corps de ses parents... Nous accor-

« dons..... indulgence et très pleine « rémission de tous et chacun de « leurs crimes, excès, péchés et délits « à tous et à chacun des fidèles... vrai« ment pénitents et confessés qui, de« puis les premières fêtes de la fête jus« qu'aux secondes inclusivement, visite« ront dévotement cette même église, « à la fête prochaine de la Nativité de « Saint-Jean-Baptiste et dorénavant, « pour jamais, au jour de la Nativité du « Saint, quand il arrivera qu'on doive « la célébrer le dimanche et chaque fois « qu'elle tombera ce jour-là... »

Cette ampleur de la concession pontificale vaut au Jubilé Chaumontais les noms de « Pardon » par excellence, de « Pardon général », de « Grand Pardon « général de peine et de coulpe » ou, le plus populaire, celui de « Grand Par« don ».

Telle est comme l'âme de ces grandes fêtes qui vont se renouveler, pour la soixante-sixième fois, depuis quatre siècles et demi, et qui ont été et sont demeurées essentiellement religieuses.

Mais cette âme, et celles appelées en foule à être mises en communication avec elle pour en devenir meilleures, ne laissent pas d'avoir un corps qui n'a cessé de réclamer et d'obtenir sa part de la fête.

Cette solennité, si intime des âmes, a connu et connaît encore des manifestations extérieures, nécessaires à son pieux fonctionnement et à son développement complet, avec ces attraits surajoutés qui, dans les fêtes les plus religieuses, complètent les avantages d'ordre moral pour y amener les foules et occuper, aussi agréablement que dignement, les loisirs qui restent en dehors des prières et des cérémonies liturgiques.

Des milliers et milliers de fidèles, rassemblés de tant de côtés divers, n'ont jamais pu tenir dans le Saint-Jean agrandi au XVIe siècle, pas plus que dans le petit Saint-Jean du XIIIe.

D'où la cité, devenue elle-même le temple du Grand Pardon, avec ses rues fleuries, enguirlandées et plantées d'arbres verts qui en dessinent et ornent les nefs et ses places transformées en grandes et gracieuses chapelles où se dressent des autels et même, plusieurs siècles durant, transformées en théâtres de plein air où se représentaient des scènes religieuses et moralisatrices.

A ces œuvres d'art et de goût, le plus souvent, les dépenses n'ont jamais été ménagées, largement compensées par de très rémunératrices recettes, profitables à tous, y compris les industries et les négoces qui bénéficient des multitudes en fêtes, notamment les maisons d'alimentation, puisque fêtes, jadis « festes » et festins s'appellent.

Mais n'entrons pas déjà dans les détails historiques qui seront fournis plus loin par ces *Notes*, voulant être plus utiles que savantes, et continuant, pour leur modeste part, ces traditionnels « articles » de vulgarisation et de propagande, répandus de tous côtés et au loin, à l'approche des « Grands Par« dons ».

Aussi bien diront-elles qu'on n'a que butiné, et que faire de mieux ? aux multiples et si intéressants écrits publiés antérieurement, par des auteurs placés à des points de vue si divers, archivistes chercheurs, mainteneurs pieux ou défenseurs humoristiques des traditions, publicistes renseignés, enthousiastes panégyristes, etc., notamment ceux signés Emile Jolibois, abbé Léon Godard, professeur Henri Soret, Henri Cavaniol, Jules Mialon, René Bertrand, Narcisse Adonis, abbés Louis Rigollot, Charles Rondot, Alfred Flocard, Eugène Lindecker, Ebed Miryam, etc.

A retenir, ici, des documents édités par les *Annales de la Société d'Histoire et d'Archéologie de Chaumont*, en 1910, sur le « Grand Pardon », cette bonne réflexion de Henri Cavaniol : « On le « revendiquait comme une véritable « propriété de la Cité, comme un bien « commun, assurant aux uns les joies « célestes, aux autres une activité com« merciale ignorée dans les temps or« dinaires, à tous ces contentements, « ces satisfactions intimes, ces réunions « familiales affectueuses qui sont les « oasis bienfaisantes de la vie où l'âme « se repose des malheurs éprouvés et « le corps des labeurs quotidiens. Ces « traditions sont toujours vivaces. »

Oui, même après dix-sept rudes hivers, en ce nouveau printemps, elles vont revivre et produire, sur le tronc séculaire, rameaux, fleurs et fruits d'une vigueur, d'un parfum et d'une saveur toujours les mêmes.

L'arbre du Grand Pardon ne donna que sa première pousse, du vivant de son providentiel planteur. Jean de Montmirel mourut à Rome et fut enterré à Sainte-Marie du Peuple, dans la chapelle que, par un sentiment toujours bien chaumontais, il y avait érigé en l'honneur de Saint-Jean-Baptiste.

Sur la dalle de marbre dont un *facsimile* a été dressé, par la famille Foissy, en la chapelle des baptêmes, à Saint-Jean de Chaumont, autour de son portrait en bas-relief, se lit cette épitaphe d'un très lapidaire latin qu'on a osé traduire ainsi : « Sépulture de Jean de « Montmirel. La science le fit Rédacteur « des Brefs apostoliques ; la discrétion, « Référendaire secret ; la vertu, ami du « Souverain Pontife Sixte IV ; la piété, « évêque de Vaison. Passé par ces fonc- « tions, il mourut septuagénaire, le 3 « juin 1479. Considère cela : c'est une « leçon. »

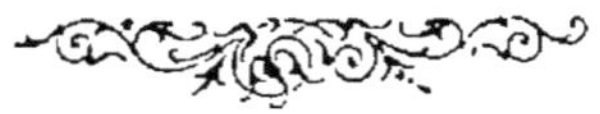

BnF

Pierre tombale de JEAN DE MONTMIREL

Église de Sainte-Marie-du-Peuple, à Rome.

CHAPITRE II

LES
Anciens Grands Pardons

Ceux des trois premiers siècles

§ I. — Avant les Fêtes

A cause des discussions de l'Evêque de Langres et des bourgeois de Chaumont avec le nouveau chapitre de Saint-Jean, au sujet du privilège de l'exemption et du droit d'élection des chanoines, le Pardon fixé, par exception, au 24 juin 1475, n'eut pas lieu et celui du 24 juin 1476 fut renvoyé, par lettre du pape du 16 août 1476, au 4 octobre, fête de Saint-François.

D'abord la solennité se célèbre intérieurement à l'église. Mais la publicité qui lui est donnée par le *visa* royal du 23 avril 1476, ordonnant qu'une annonce en soit faite au prône dans les églises des bonnes villes du royaume, y amène de nombreux *pénitents* de toute la France et même des pays voisins.

Chaumont répondit, à ce mouvement général vers lui, par un éclat toujours grandissant des fêtes, susceptible de satisfaire, en les stimulant encore, la curiosité et la dévotion.

L'intérêt matériel de la cité, comme le bien moral des âmes, était en jeu.

La procession du Très Saint Sacrement dut, presque aussitôt, arrêter sa marche solennelle et suspendre ses hymnes et ses cantiques, aux stations devant les *eschaffaults* ou théâtres de plein air sur lesquels étaient représentés des sujets religieux, empruntés à la vie de Saint Jean, à la concession du Pardon.

C'était le *jeu des Mystères*. Aux comptes du Pardon de 1524 se lit un article de 50 livres pour neuf théâtres. Les habitants de la ville ne laissèrent pas longtemps, à des *joueurs de profession*, et revendiquèrent pour eux-mêmes, l'honneur de jouer le mystère de leur Saint Jean. La demande en fut faite au bailli par une supplique dont les signataires sont de la première moitié du XVIe siècle.

Ces fêtes liturgiques et dramatiques étaient précédées d'une grande réclame et d'une préparation où chacun mettait la main. Deux choses aujourd'hui non moins nécessaires qu'alors. Il convient d'en rappeler l'antique et entraînant exemple.

Officiellement averti par les chanoines, le premier dimanche de Carême, le maire de la ville prenait, avec son Conseil, une décision provisoire. Une assemblée générale, composée des membres du Chapitre, des gens du Roi et de la Mairie, des huit capitaines de quartiers et de plusieurs notables bourgeois, arrêtait les dispositions définitives. L'évêque diocésain, sans délai, était prié de donner l'autorisation de publier le Jubilé.

Chaumont n'eut d'imprimerie qu'aux dernières années du XVIe siècle. Des écrivains publics y suppléaient pour la composition des « articles » ou affiches, à répandre dans toute la France, spécialement dans les diocèses de Langres, de Besançon, de Châlons, de Toul et de Troyes. Outre l'annonce du prône, le Pardon était crié dans toutes les localités du diocèse, principalement aux jours de foires et des affiches y étaient apposées.

A Chaumont, le jour des Rameaux, la *Diablerie* commençait son sabbat. Dans la pensée de l'auteur du Théâtre d'*Enfer*, diables, diablesses et diablotins représentaient, par leurs horribles costumes et par leurs vexations réalistes, le génie du mal tourmentant le monde jusqu'au jour du Pardon où cet infernal génie était précipité dans l'abîme des éternelles ténèbres.

Le matin des Rameaux, la Procession,

venant de la chapelle Saint-Michel et rentrant à Saint-Jean se trouvait arrêtée à la Tour du Barle, Hôtel de Ville d'alors, démolie au siècle dernier et qui se dressait en face de l'Hôtel de Ville actuel. Juchés au haut de cette tour, les diables, par ordre du programme, au Roi de Gloire qui, liturgiquement, demandait qu'on lui ouvrit cette porte, répondaient en faisant tomber, avec d'affreux hurlements, des pièces de feu d'artifice, une sorte de pluie de feu d'enfer sur la foule épouvantée. Il s'en suivait, avec les rires fous des uns et les cris de frayeur des autres, le symbolique et complet désordre voulu de la cérémonie. La Diablerie descendait alors de son repaire et les diables se jetaient, avec furie, sur ceux qu'ils pouvaient atteindre.

Le soir de ce dimanche et des suivants jusqu'à la Saint-Jean, ces diables de convention parcouraient la ville et se répandaient dans les campagnes, levant une sorte de dîme malhonnête sur les populations apeurées. D'après un dicton populaire « on se faisait diable pour « payer ses dettes ». Singulière morale.

Cette Diablerie faisait, au Grand Pardon, une figure grimaçante et sinistre qui n'était pas la sienne, sans, toutefois, l'empêcher d'être bienfaisant, comme, ailleurs, la *fête des fous*, laissait rayonner, à travers les ombres de quelques insanités, la glorieuse mémoire de Saint Didier.

Le masque dut tomber, entraînant les *Mystères* et, avec eux, plus que leur valeur littéraire, leur effet moral. Ce qu'on appréciera plus loin. Le Grand Pardon n'eut plus que sa belle et bonne physionomie d'origine. Il n'en réalisa que mieux la parole de ce brave chanoine de Chaumont qui, accompagné d'un notaire ecclésiastique et précédé de deux joueurs de trompe, pris, sans doute, dans une société des Jeunes de ce temps-là, concurremment avec les Diables, parcourait, chaque dimanche, tous les quartiers et faisait une ample distribution d'*articles* aux fidèles, en leur criant, à chaque station : « C'est le « Grand Pardon général de peine et de « coulpe. Dieu nous fasse la grâce de « mériter les effets d'une si grande in- « dulgence. »

Depuis la Diablerie des Rameaux, et surtout, depuis que le mercredi d'après Pâques, jour de grande foire, avait eu lieu la procession pour le placement solennel du tableau de bois peint, richement enluminé et portant l'annonce du Pardon, sur la poutre qui joignait, à cet effet, la Tour du Barle à la maison de l'autre côté de la rue où la ferrure de support subsiste, Chaumont prenait une vie nouvelle.

Une seule pensée occupait ses pieux habitants : « La dignité du jour et feste « de Sainct Jean-Baptiste et des solen- « nités qui s'y font ». Titre d'un des « quatre discours dévôts » de Maître Regnault Cordier, un fidèle conservateur du souvenir des anciens Grands Pardons imprimés à Chaumont, fin du XVIe siècle.

« Ils abandonnaient, lit-on dans une page « classique d'Emile Jolibois, toute autre « affaire pour s'occuper des préparatifs « nécessaires. Bientôt les théâtres étaient « dressés ; le choix des acteurs était « fait ; les rôles étaient distribués ; de « fréquentes répétitions avaient lieu « au Palais... Ici le potier d'étain mou- « lait les saintes images... les clefs de « Saint Pierre, l'Agneau de Saint Jean, « les médailles de Notre-Dame, etc. ; là « on fabriquait les reliquaires, les sca- « pulaires, les Rosaires... ; plus loin, le « Maître musicien montrait à danser « aux *saulterelles* du théâtre de la Dé « collation ; dans l'atelier du peintre on « travaillait à la décoration des théâ- « tres ; des jeunes filles tressaient le « lierre, assemblaient les fleurs en guir- « landes ; d'autres ajustaient les habits. « les brillantes parures, les pierreries « qui arrivaient chaque jour de Paris « et les riches costumes de Cour qu'en- « voyaient les dames des châteaux voi- « sins ; les jeunes hommes parcouraient « les bois pour choisir les ramées ; « toute la population enfin était occu- « pée, jusqu'aux enfants qui faisaient « toujours une provision de mousse « trois fois plus considérable qu'il ne « fallait.

« Deux mois s'écoulaient rapidement « dans cet empressement général et l'on « touchait, avec anxiété, au dimanche « qui précède la Saint-Jean ; c'était ce « jour des *montres* ou de la grande ré- « pétition des théâtres. Après, on atten-

« dait l'ouverture de la Sainte Semaine,
« au milieu des apprêts pour la récep-
« tion des parents et amis, et en devi
« sant, dans les familles, sur le succès
« de la fête. »

§ II. — **Pendant les Fêtes**

Voici la physionomie religieuse et populaire de l'un d'eux, entre le XVIe et le XVIIe siècle, auquel les autres ressemblent beaucoup. Les traits en sont fournis par des documents contemporains manuscrits et imprimés, utilisés déjà par des écrivains plus récents, qu'on peut suivre avec confiance.

Aux termes de la Bulle de Sixte IV, le Grand Jour du 24 juin est précédé et suivi de trois journées dont le travail spirituel le commence et l'achève. C'est le cadre adapté à la fête, « la semaine Sainte » de cette Grande Pâque.

Le jeudi, après les vêpres du Chapitre, entrée solennelle du clergé pour la cérémonie de la lecture en chaire de la Bulle du Jubilé. Une sonnerie à carillon de toutes les cloches de la ville annonce, une demi-heure durant, l'ouverture du Trésor de la divine Miséricorde. A tous d'y puiser.

Les jours suivants, dès le matin, le sépulcre est illuminé, les Saintes Reliques exposées à la vénération des fidèles. Aux abords de l'église, dans les rues, aux portes de la ville des comptoirs où se trouvent images, médailles et autres objets pieux, ainsi que les chandelles à faire brûler devant les autels. Telle est déjà l'affluence que la circulation devient difficile, le jour et même la nuit ; des prédicateurs *famés* parlent à la porte de l'église devenue trop étroite et les confesseurs qui furent parfois, chiffre quelque peu hyperbolique, jusqu'à trois cents, entendent leurs pénitents, près des bornes des rues, en des confessionnaux de fortune, au milieu du tohu-bohu d'une foule houleuse.

Le samedi, à midi, les premières Vêpres de la fête et le temps des visites Jubilaires à Saint-Jean qui durera jusqu'aux secondes, le lendemain soir.

Trop vite la nuit tombe, après un soleil couchant qui empourpre et dore l'horizon, dessiné par les côtes d'Alun. On rentre, pour le repas du soir, dans la demeure familiale ou amie. Ceux à qui elle manque, font cohue dans les grands hôtels ou les humbles auberges, au Dauphin, à l'Homme Sauvage, au Cheval Blanc, aux Trois Rois, à l'enseigne : Au Bouc, Duc et Monde, vulgairement Au Bout du Monde, etc. Combien, de gré ou de force, campent où ils peuvent, aux auvents des boutiques, sur les perrons, sous les Halles, aux bornes des rues, jusque sur les marches de la Croix du Marché. Festins servis ou provisions prudemment apportées trouvent qui leur fait honneur.

On se hâte. Clergé, autorités de la ville et du bailliage, escortés de la milice, vont, solennellement, allumer le *grand feu de la Saint-Jean*, sur la place de ce nom, une *Borde* immense dont la flamme illumine le ciel et, dans sa lueur rougeâtre, fait apparaître des milliers de spectateurs qui trépignent de joie, crient et acclament.

Bientôt, phénomène analogue sur la Grande Place où la foule s'est précipitée, en partie, refoulée aux rues avoisinantes, assiégeant les maisons, garnissant les fenêtres et même s'agrappant aux toitures. C'est le feu d'artifice, avec des pluies d'étoiles filantes, des soleils qui s'égrènent en étincelles, faisant rayonner, sur un transparent, les armoiries de la ville, et, au-dessus d'un obélisque lumineux, la Croix, l'emblême triomphal de la Religion. Une batterie finale de bombes arrache, à la multitude émerveillée, d'enthousiastes bravos.

On dormira peu, en particulier, sous la voûte étoilée et sur la dure. Mais ce sera, pour qui le voudra, « la veillée sainte » des fêtes traditionnelles, patriotiques et religieuses. Au lever de l'aurore, la Messe sur le cimetière de Saint-Michel, pour la piété matinale, en particulier, de tous ceux que vont reprendre et absorber les derniers préparatifs et les premières cérémonies du jour.

Il a paru, ce jour, attendu si impatiemment. Le ciel est d'un beau bleu strié de quelques nuages que le soleil dissipera. La pluie est une indésirable au Grand Pardon. Elle n'y tombe que rarement, en de courtes ondées, comme en 1906.

Voici les campagnes avoisinantes, venues, déjà, en détachements nombreux, les jours précédents. Le 24 juin, la mobilisation est complète. Sur routes et chemins de Chaumont, les files d'hommes, de femmes, d'enfants, de vieillards s'allongent. Les voiturées se suivent de près. A l'appel des cloches qui sonnent à toute volée, on se hâte vers la cité accueillante pour les hommes comme pour Dieu qu'ils y viennent fêter.

Rues jonchées de fleurs et transformées en allées d'arbres verts, maisons fraîchement repeintes, parées de draperies, avec banderolles flottantes aux fenêtres et devises parlantes aux arcs de triomphe. Tout est à la joie, personnes et choses, trop souvent en larmes.

La milice s'est rangée, en grand uniforme et en armes, dans les rues qui avoisinent Saint-Jean. Au joyeux carillon des cloches, au roulement des tambours, au son des trompettes, la procession se met en marche.

Les musiciens sont suivis des acteurs costumés pour jouer leur rôle sur les théâtres des Mystères. Après ceux-ci, les corporations d'arts et métiers, bâtonnier en tête : maçons, sculpteurs, peintres, orfèvres, serruriers, couvreurs, tourneurs, tisserands, couturiers, boulangers, bouchers, etc.

Viennent ensuite les ordres religieux, les Pénitenciers, les Chanoines du Chapitre.

Entre les deux haies de fidèles et l'escorte de la milice, les porte-Croix, Bannières, Images, Statues, Reliques des Saints.

Un reliquaire d'or, don de Sixte IV à l'Evêque de Vaison, est suivi des descendants des Montmirel, en manteau de cérémonie, un cierge à la main. Après le cortège liturgique du Saint-Sacrement, le corps de Ville, le Bailliage et les autres juridictions avec les hauts et puissants seigneurs de la contrée. Le peuple ferme la marche. Défilé majestueux et recueilli, autant que des foules peuvent l'être, qui va parcourant la *Voie Sacrée*, traditionnellement la même et stationnant aux *théâtres des Mystères* qui seront l'objet de l'article suivant. Nous n'indiquons ici que les rues du parcours et la place qu'y occupaient les sujets représentés.

Le théâtre des *Vertus*, adossé à la maison qui fait face à l'église. Celui de *Zacharie*, place Saint-Jean, la *Visitation*, rue du Palais ; après la rue des Poutils, en galeries couvertes (actuellement rue Hautefeuille), rue de Brabant (actuellement rue Dutailly), à l'extrémité de la rue Chaude (actuellement rue Bouchardon), derrière le jardin actuel de la Préfecture, *Les Prophètes* ; contre le mur des Carmélites, où sont le Musée et la Bibliothèque de la ville, la *Nativité de Saint-Jean* ; rue de Buxereuilles et de l'Etape (actuellement rue Victoire de la Marne), *Saint-Jean au désert, Saint-Jean qui prêche, baptise Jésus* ; rue Saint-Michel (actuellement rue de Chamarandes), rue Neuve aux Bouchers (actuellement rue Toupot), l'*Emprisonnement de Saint-Jean* ; rue Dame-Alliotte (actuellement rue V.- Mariotte). la *Décollation de Saint-Jean* ; rue Voie de l'Eau (actuellement rue Pasteur), la grande place près de laquelle théâtre d'*Enfer* ; porte du Barle, rue de l'Ange (actuellement rue Saint-Jean) ou théâtre de *Notre-Dame des Nues,* des *Sibylles,* des *Limbes.* D'où rentrée à l'église.

La cérémonie a duré plusieurs heures d'un emploi, en général, édifiant. Après les secondes Vêpres célébrées à sept heures, pour donner plus de temps aux visites Jubilaires, la journée s'achève en de joyeux retours, à des tables bien servies et dans un intéressant échange des impressions.

§ III. — Leurs Théâtres. — Mystères et Diablerie

Le goût du théâtre, si développé au XXe siècle, n'est pas une chose nouvelle.

Depuis qu'il y a des hommes et des femmes qui ne trouvent pas suffisantes, pour rassasier leur envie d'émotions et de rires, les réalités sombres ou gaies de la tragi-comédie humaine et en réclament de fictives rééditions sur la scène, des hommes et des femmes aussi qu'il s'agit de moraliser ou de distraire innocemment, le théâtre devant être moralement bon ou au moins moralement inoffensif, les réunions théâtrales existent.

Elles font partie du programme des solennités religieuses, à titre, comme on le disait naguère, « de catéchismes vi-« vants ou de sermons supplémentai-« res » et plus encore des fêtes profanes qui n'ont pas le théâtre sacré du temple pour célébrer leurs souvenirs. Les œuvres d'éducation et de caractère social y cherchent et y trouvent un attirant spectacle pour leurs protégés, un moyen facile d'alimenter leur budget et une belle occasion d'y remercier leurs bienfaiteurs.

De bonne heure, l'art des musiciens a prêté, au théâtre, la richesse de ses harmonies et les écrivains de génie, la merveille de leur style, aux joueurs de la scène dont la virtuosité de diction en rehaussait encore le charme, surtout quand c'était la grâce féminine d'Athènes et la virile beauté de Rome. Mais, trop de fois, sous ce brillant extérieur, l'intérieur moral a manqué. Héritière intellectuelle des Grecs et des Latins, l'Eglise dut, avec leurs temples, purifier leurs théâtres, voués, les uns et les autres, aux impures idoles et aux viles passions qui les servaient, et expurger leurs écrits pour y faire admirer, sans péril, aux jeunes intelligences chrétiennes, la classique et incomparable parure de la pensée.

Mais, éducatrice, à la fois littéraire et religieuse, des nations baptisées, notam ment, de la première de toutes, la France catholique, l'Eglise ne tarda pas à dresser ses Théâtres, à côté de ses Eglises et de ses Ecoles. Elle n'attendit, pour cela, ni Corneille ni Molière, ce tragique et ce comique qui ont fait monter leur art à un degré de perfection qu'on ne dépassera plus, ni même qu'enfin *Malherbe vint*. Son théâtre à elle, remonte à une date bien antérieure. Il fut, comme chez tous les peuples, y compris les Grecs et les Romains, originairement, d'inspiration religieuse plus encore que profane.

Ce que n'a pas su Boileau, écrivant dans son *Art Poétique* :

> Chez nos dévots aïeux le théâtre abhorré
> Fut longtemps, dans la France, un plaisir ignoré.
> De pèlerins, dit-on, une troupe grossière,
> En public, à Paris, y monta la première
> Et sottement zélée, en sa simplicité,
> Joua les Saints, la Vierge et Dieu par piété.

Autant d'erreurs que de mots. Nos dévôts aïeux, aimaient passionnément le théâtre. La littérature scénique de la Langue d'Oïl, langue française du Moyen-Age, réputée alors « la plus dé« lectable et commune à toutes gens, » parlée et écrite dans tout le monde civilisé, était très riche.

Il nous en reste, outre des pièces comiques nombreuses, *farces*, *moralités*, *soties*, d'importantes pièces dramatiques et parmi celles-ci, *les Mystères*, formant plus d'un million de vers, représentés déjà, sous d'autres noms, aux XIIIe et XIVe siècles. Ils furent appelés ainsi, au quinzième siècle, parce qu'ils touchent aux *mystères* de la Religion. Autre démenti donné par l'histoire à Boileau dont le Jansénisme a encore écrit, bien à tort :

> De la religion les Mystères terribles
> D'ornements égayés ne sont pas susceptibles,

Terribles, ils ne le sont, d'aucuns, que pour ceux qui ne veulent pas jouir de la douceur des autres.

Les Confrères de la Passion, le grand Mystère de la Rédemption du monde, furent les plus célèbres de ces acteurs religieux, autorisés en 1402. Ils exercèrent, deux siècles durant, presque un monopole à Paris. Ce n'était pas une *troupe grossière d'étrangers*, mais des bourgeois et artisans parisiens, *ni sots* ni *simples*.

Les moindres villes de France avaient leurs représentations, aux fêtes publiques données, ordinairement, par les habitants eux-mêmes. Toutes les classes contribuaient aux frais assez lourds de théâtres d'un jour et des costumes nombreux et luxueux. Mais beaucoup de ces comédiens d'occasion s'habillaient eux-mêmes. Tant on avait déjà « la tête dra- « matique ». Le mot est du très érudit chanoine Marcel, vice-président des Archéologues Langrois, dans sa Conférence du 21 décembre 1922, sur l'*Histoire du théâtre à Langres*. Une intéressante étude du théâtre à Chaumont serait aussi à faire.

Ces considérations, nécessaires pour jeter quelque lumière sur l'obscurité de ce point d'histoire littéraire auquel touchent les *Mystères* du Grand Pardon, nous permettront de dire brièvement le peu que nous en savons.

Quel est le Corneille qui a inventé et rimé cette série de petits drames se reliant à la vie de Saint Jean ? Nous l'ignorons. Ils furent sûrement plusieurs, puisque le nombre des *Mystères* a grandi avec les années. En 1515, treize livres ont été payées pour ceux joués, cette année là, à Claude Rolot, chanoine de la Collégiale, l'initiateur probable de ces représentations. Le texte dont on n'a conservé que des bribes, encore bien intéressantes, serait d'entre le XVIe et le XVIIe siècle.

Un des meilleurs morceaux, la paraphrase du *Magnificat*, au théâtre de la *Visitation*, est attribué à Godeau, Evêque de Vence, dans un *Recueil de pensées chrétiennes*, dédié au Prince de Conty par M. de Lafontaine.

L'espace mesuré à ces notes ne permet pas de faire une description de chacun des 15 théâtres, dont la place sur le parcours de la procession a été indiquée.

Théâtres ou plus exactement *Trétcaux*, encadrés de draperies claires ou sombres, selon les sujets, de feuillage, peut-être de fleurs. La scène est libre en avant, sans rideaux ni coulisses. Pour y suppléer, à l'arrière, *eschafaults* ou *établies*, sortes d'escabeaux élevés et marqués du nom de l'endroit éloigné où un acteur doit être et est censé absent pour les spectateurs, par exemple Bethléem, quand l'action est à Jérusalem. De là, il vient sur la scène au temps voulu. De même, de chaque côté de la scène, des gradins d'où les joueurs descendent au moment de parler. A chaque théâtre, presque comme au cinéma actuel, un écriteau, en un quatrain, explique le sujet à y traiter.

Les personnages sont nombreux, surtout au Baptême de Jésus, 19, à la Décollation de Saint-Jean, près de 50 ; au Théâtre d'*Enfer*, où est précipité l'âme d'Hérode, la diablerie donne au complet. Il est fâcheux que celle-ci ait trop bien porté son nom, troublé et déshonoré la fête et que la conduite de ces joueurs, en général, ait été très désordonnée, en particulier, que leurs répétitions soient devenues des occasions de toutes sortes d'excès, qu'enfin les dépenses de ces fêtes, à cause d'eux, soient devenues bien supérieures aux recettes.

Pour le Pardon de 1663, le Chapitre, à qui incombait, tout d'abord, le soin du bien moral que cette pieuse Institution devait produire et, partant, le devoir d'en proscrire les abus, demanda la suppression des Théâtres. Il obtint, avec la décharge des frais de ces représentations, que celles-ci aient lieu le soir, la Procession restant fixée au matin pour être plus recueillie. Ce fut la fin de la Diablerie. En 1668, la Guerre des Pays-Bas absorbait les pensées et les ressources. Il n'y eut plus jusqu'à la Révolution que la Procession avant la Grand'-Messe, un tableau à personnages sataniques, souvenir des Diables de Chaumont, exposé le dimanche des Rameaux, et les feux d'artifices, manifestations ordinaires de la joie publique. Les Jésuites du Collège furent priés quelques fois, comme en 1703, de faire jouer une tragédie par leurs élèves.

Les *Mystères* du Grand Pardon n'en figurent pas moins avec honneur dans l'ensemble des pièces religieuses de ce nom, partagées en trois Cycles, celui du *Vieil Testament,* celui du *Nouveau,* et celui des *Saints.* Ils avaient quelque chose et même beaucoup des trois. Histoire en action du Saint unique qui achève la prophétie et commence l'Apostolat du Christianisme. Il apparaît sur la scène, au 4e Théâtre entouré des *prophètes* qui l'ont annoncé, et au dernier. celui des *Limbes,* il va saluer jusqu'aux plus antiques patriarches, Adam luimême qui l'y attendait depuis tant de siècles. Apôtre des Apôtres, Préfacier de l'Evangile par sa prédication qui le résume à l'avance, son exemple si austère qui l'idéalise déjà, il signe héroïquement de son sang ce qu'il en a si généreusement écrit.

CHAPITRE III

Les Grands Pardons du XIXe Siècle

1er CYCLE : Avant 1870

Le Grand Pardon a été célébré, même à la fin si révolutionnée du XVIIIe siècle.

En cette sombre période, deux dates jubilaires, 1792 et 1798, brillèrent au calendrier religieux de Chaumont.

1792 eut son Grand Pardon accoutumé. Cependant l'Evêque diocésain légitime, Mgr de la Luzerne, était sur les routes de l'exil. Un Evêque constitutionnel, Hubert Wandelaincourt, s'intitulait Evêque de la Haute-Marne. Chaumont avait pour Curé un ancien Chanoine de la Collégiale, Nicolas Babouot, prêtre assermenté, mais un de ceux qui, en 1797, demanderont à renouveler leur serment modifié et déclareront vouloir exercer le culte catholique, apostolique et romain, dans *sa pureté et intégrité.*

D'après les Archives de l'Hôtel de Ville, on y a décidé : Le 21 mars, que le Pardon aura lieu, comme par le passé et que l'Evêque sera prié d'autoriser la publication de la Bulle de Sixte IV ; le 28 avril, que le feu d'artifice du Pardon sera tiré ; le 23 mai, que, sur la demande du Curé, il n'y aura pas de station à Saint-Michel ; le 29 mai, que le dais sera réparé et placé à l'église en lieu convenable, et en quels endroits les reposoirs seront dressés ; le 31 mai, quels seront les porteurs des cordons du dais, que les Corps administratifs et judiciaires seront invités aux processions de la Fête-Dieu et du Grand Pardon (ce qui se renouvela encore, pour les processions de la Fête-Dieu, en 1793) ; le 7 juin, que la publication de la Bulle aura lieu le dimanche 10, à 5 heures, à l'église Saint-Jean. L'église Saint-Jean ne sera fermée au culte catholique que le 29 mars 1794 et le curé Babouot en obtiendra la réouverture le 4 juin 1795, quoique restant affectée à la publication des lois, décrets et autres actes officiels.

Mais, en 1798, le Calendrier des dimanches étant légalement supprimé, et celui des Décadis ayant cours forcé, sous des pénalités très dures, il n'y a pas de coïncidence légale du 24 juin avec le dimanche. Le Grand Pardon n'a pas lieu.

Le Concordat ayant rendu la paix religieuse à la France, les Chaumontais, le 24 juin 1804, s'empressent de renouer leurs traditions jubilaires du Grand Pardon, bien authentiquement confirmées, si besoin était, par le Légat du Pape, le Cardinal Caprara. Elles faillirent, de nouveau, être brisées et pour toujours peut-être, si elles n'avaient pas été défendues, par un Conseil municipal, un Maire et un Préfet de Chaumont, contre un Evêque qui n'était pas de Langres.

C'était en 1810. Ce qui s'est passé, est consigné aux Archives de l'Hôtel de Ville. M. Albert Bizet en a fait l'intéressante découverte, publiée en 1910 dans *les Annales de la Société d'Histoire et d'Archéologie,* avec la signature H. Cavaniol. L'incident n'est point banal. Résumons les faits.

En avril 1810, la Fabrique de Saint-Jean, le Curé Sirjean, le Conseil municipal et son Maire Nicolas Graillet de Beine, avec l'assentiment du Préfet Jerphanion, sollicitent, selon l'usage, de l'autorité diocésaine, la permission de faire annoncer le Grand Pardon. Henri Reymond, Evêque de Dijon, Baron de l'Empire, chargé en outre de l'ancien Diocèse constitutionnel de la Haute-Marne, qui n'était pas encore devenu l'Evêché de Langres, fait une réponse imprégnée d'un Gallicanisme caractérisé et d'un étroit Jansénisme. Refus catégorique de publier la Bulle de Sixte IV. Son exécution est incompatible avec celle des règlements du Diocèse approuvés par le Gouvernement. Accordée à une Collégiale et un Chapitre qui n'existent plus, elle n'est qu'un testament sans héritiers, un chiffon de papier. L'Evêque peut y suppléer, en vertu d'un Décret du Concile de Trente, dont l'autorité est reconnue supérieure à celle du Pape par l'une des quatre propositions

Gallicanes, devenues lois de l'Etat. Mais, d'après le même Concile qui veut que les *indulgences* soient modérées et motivées, lui, Evêque, pense qu'il faudrait une nouvelle Bulle, celle-ci ne paraissant que trop surprise à un Pape réputé si facile à octroyer des faveurs apostoliques et n'ayant qu'un motif futile, honorer l'Eglise d'un Montmirel. D'ailleurs, ce 24 juin, tombe aussi la Fête-Dieu qui l'emporte sur la Saint-Jean et la fait transférer à un autre jour. Le Pardon est impossible.

Magistrats, Clergé, habitants de Chaumont sont dans un complet désarroi. La piété se lamente, le commerce est exaspéré. Mais on ne se tient pas pour battu. De nouveau, le Conseil municipal délibère. Fabrique, Curé, Maire, Préfet écrivent à l'Evêque qui s'obstine dans son refus. Le temps manquait pour un recours au Pape, au Conseil d'Etat. On s'adresse au Métropolitain dont la sagesse fait aboutir à une transaction. Une nouvelle supplique à l'Evêque de Dijon, pour aller plus vite, lui est portée par deux Conseillers municipaux. La Bulle est publiée, mais le Grand Pardon n'aura lieu que le 28, à cause de la Fête-Dieu du 24.

La date approchait. Tous se mirent à l'œuvre et la fête fut réussie en tous points, si l'on en croit le procès-verbal que le Maire joignit à sa lettre de remerciements adressée, le 3 juillet, à l'Archevêque de Besançon et à l'Evêque de Dijon. Il y est certifié que, les trois jours avant et après le 28 juin, des prêtres nombreux furent à la disposition des fidèles, selon les prescriptions de la Bulle, que, la veille au soir, la cérémonie religieuse fut suivie d'un feu de joie et que la foule qui assistait à l'une et à l'autre, avait à sa tête le Préfet et le Conseil municipal avec une escorte d'honneur. De même à la Messe et à la Procession du jour qui fit halte, notamment, à « un reposoir artistement dressé « sous le péristyle de l'Hôtel de Ville « et parfaitement décoré. »

Plus de dix mille étrangers, venus de la Haute-Marne, des départements limitrophes, de Paris et d'ailleurs.

La cause du Grand Pardon était magnifiquement gagnée et son avenir à jamais assuré.

Aux archives de la Ville, deux autres cotes témoignent qu'en 1821 et 1827, tout allait au gré de la population Chaumontaise.

La cote de 1821 contient : 1° La copie de la Bulle de Sixte IV, certifiée conforme à l'original, 21 mars 1821, par le Maire d'Amboise; 2° Une lettre au Maire de Mgr Dubois, Evêque de Dijon, pour transmission de la copie de la dite Bulle revêtue du décret épiscopal de *Publicetur*, 10 avril ; 3° l'Ordonnance de l'Evêque pour la publication du Pardon Général, 1er mai.

La cote de 1827 renferme : 1° Une lettre du même maire d'Amboise (16 avril), sollicitant du Préfet l'autorisation de réunir le Conseil à l'effet de demander à l'Evêque son bon vouloir pour la publication de la Bulle du Pape Sixte IV, accordée le même jour, signée Bourlon de Rouvre, secrétaire général ; 2° Une copie de la lettre du Maire à l'Evêque, en suite de la délibération du Conseil ; 3° La réponse favorable de l'Evêque de Langres, Mgr Aragonnès d'Orcet ; 4° L'ordonnance du dit Evêque au sujet du Pardon.

Même entente pour 1832, encore sous l'épiscopat de Mgr d'Orcet, ainsi qu'en 1838 et 1849, sous l'épiscopat de Mgr Parisis, où, à part les ordonnances épiscopales qui en réglaient le programme, les Pardons sont comme les peuples heureux et n'ont pas d'histoire, du moins que nous connaissions et qui d'ailleurs nous entraînerait à des répétitions aussi inutiles qu'impossibles, quand il nous faut abréger même les histoires les plus authentiques.

Nous n'avons plus qu'à mentionner des Pardons de ce premier Cycle du XIXe siècle, que ceux qui ont précédé notre génération, en 1855, 1860 et 1866, sous l'Episcopat de Mgr Guerrin.

Ils eurent plus d'éclat, de vogue et de succès que ceux de la première moitié du siècle. Les causes en sont multiples : c'est, d'abord, la grande Mission, inaugurée en 1855 et qu'annonçait Mgr Guerrin, dans sa Lettre Pastorale : « De concert avec nous, disait l'Evêque, M. le « Curé de Chaumont a résolu d'appeler des prédicateurs choisis qui, pen- « dant les trois semaines — trois se-

« maines au lieu des trois jours de la « Bulle de Sixte IV — qui précèdent la « Fête, annonceront les vérités saintes « et prépareront les âmes à la grâce ex« traordinaire du Grand Pardon. »

Ces prédications extraordinaires, données depuis cette date, par des hommes dont l'éloquence et le zèle vont de pair, n'ont pas peu contribué à la célébrité et au bien spirituel de nos modernes Pardons, en particulier, par ces réunions d'hommes qui emplissent Saint-Jean.

C'est, ensuite, la prolongation, à toute l'Octave, du temps de la visite Jubilaire par indult du 15 mai et qui a été maintenue.

Ce sont, enfin, les solennités extérieures qui rappellent, en les modifiant et en les dépassant, celles des anciens Pardons, la présence des Pontifes qui, par le nombre, la distinction et l'éloquence, honorent ces fêtes, avec celle des premiers Magistrats civils, les harmonies sacrées et profanes qui en augmentent le charme, le décor des rues, le nombre et l'art des reposoirs, remplaçant, avec bonheur, les théâtres de la Diablerie. La cité est, à la lettre, une immense cathédrale en fête.

Tel surtout le Pardon de 1866, qui, sous l'inspiration de M. le Chanoine Laurent Vitu, l'éminent Curé de Saint-Jean d'alors, dont les successeurs imiteront le culte pour ces idéales solennités, eut un programme demeuré toujours le même. Il fut prêché par quatre apostoliques frères du V. P. Honoré, les RR. PP. Capucins Stanislas, Louis, Arsène et Bonaventure dont les vieux de Chaumont se souviennent encore, présidé par le Cardinal Mathieu, ancien Evêque de Langres, archevêque de Besançon, et par Mgr Guerrin, accompagnés de beaucoup d'ecclésiastiques même de Besançon, honoré de l'assistance du Préfet, du Maire et de la plupart des fonctionnaires, harmonisé par des fanfares de Chaumont et d'ailleurs et les hymnes et chants liturgiques, puissamment exécutés, avec de superbes reposoirs représentant, rue du Palais, l'Archange Gabriel et Zacharie ; rue Bouchardon, Saint Jean dans le désert ; place de l'Hôtel-de-Ville, paysage d'Orient, avec rochers pittoresques, eaux jaillissantes et ombrage de palmiers ; place des Capucins, tombeau du P. Honoré ; Voie de l'Eau, Sixte IV remettant à Jean de Montmirel la Bulle du Pardon ; place Saint-Jean, Baptême de Jésus, la plupart illuminés le soir. 1923 ne sera pas en dessous.

2e CYCLE : Après 1870

C'est la période qu'une « Année Terrible » a découpé dans le XIXe siècle, en faisant, à la Terre Française, une déchirure si douloureuse qu'il fallut héroïquement recoudre. Elle fut pieusement illustrée, à Chaumont, par les quatre Grands Pardons de 1877, 1883, 1888 et 1894. M. l'archiprêtre Sieur les comptait, avec fierté, parmi ses œuvres marquantes. On y a si bien reconnu son âme apostolique, son esprit d'initiative, son optimisme encourageant, son merveilleux don de parole et sa façon charmante de l'adapter aux circonstances. Ce sont vraiment ses Grands Pardons, surtout celui de 1877. Le diocèse était en deuil de son Evêque, Mgr Guerrin. L'Archiprêtre dut prendre seul la tête de la sainte entreprise. Il la tint allègrement et avec succès. Celui-ci a été décrit, « d'une plume élégante et facile » par M. le Chanoine Rigollot, ancien vicaire de Saint-Jean, Doyen de Nogent. « Tableau vivant et plein d'intérêt ».

Quel entrain dans la préparation ! D'abord celles des âmes. Comme au précédent, des Fils de Saint François, le P. Théodore, à la doctrine si évangélique, à la voix si retentissante, à la barbe si capucine, le P. Félicien, encore vivant, qui succéda au P. Bonaventure, dans le procès de Béatification du V. P. Honoré dont l'abbé Rigollot fut, à Chaumont et à Nogent, l'impeccable greffier et, entre les deux, le P. Jean de Longeville, moins fleuri mais non moins aimable qu'un Saint François. Trois semaines durant, affluence de fidèles autour de la chaire et à leurs conférences spéciales, les hommes, à eux seuls, emplissent l'église.

Cependant, la ville est devenue un vaste atelier où se dressent des guirlandes, où s'enroulent des couronnes de verdures et de fleurs, où se drapent des tentures. Plus de 7.300 arrivées constatées, à la gare, le 24, un pareil nombre les jours précédents et pas moins par d'autres voies. C'est un chiffre d'environ 25.000 étrangers.

Le samedi, à midi précis, au son de toutes les cloches, le chant solennel des premières Vêpres et le défilé des visites Jubilaires qui ne sera guère interrompu que par la nuit et les cérémonies du lendemain. Parallèlement se poursuit, avec un renfort d'ouvriers apostoliques, le travail des consciences qui se reprendra encore, le lendemain de bonne heure.

Dès l'aurore du 24, les Messes commencent à combien d'autels ! La Sainte Communion est distribuée, presque sans trève. Les places sont envahies et gardées bien avant dix heures. Les galeries s'ouvrent et bientôt en chacune de leurs ogives, une statue vivante dont le regard plonge, comme sur le flot toujours plus pressé d'une mer de têtes humaines.

La Messe Pontificale est célébrée par Mgr de Charbonnel, archevêque Capucin de Toronto, au Canada, providentiellement rencontré par M. l'Archiprêtre de Chaumont, avec chants exécutés par la Maîtrise de Langres, jouissant alors d'une réputation musicale européenne, et renforcée par les meilleures voix des élèves du Grand Séminaire. Matinée superbe, présage d'une soirée incomparable.

De nouveaux pèlerins, ecclésiastiques et laïques, arrivent par les derniers trains et autres moyens de transports tardifs. Aux secondes Vêpres, les élèves de l'Ecole Normale s'unissent aux chanteurs de la Messe. Elles sont suivies du sermon, qui est un des plus populaires triomphes de la voix si puissamment éclatante du P. Théodore. Comme la Sainte Mère du jeune martyr Symphorien s'adressant à son fils, du haut des murailles d'Autun, d'un geste non moins bien inspiré, l'orateur sacré montre le Ciel, à cette multitude que le Grand Pardon en aura tant rapprochée l'invitant à en tenir la route si sagement et si loyalement continuée ou reprise.

Ce fut le mot d'ordre de la procession, marche triomphale, magnifique symbole de celle où, par la Religion, sont si opportunément ensoleillées ou ombragées, fleuries et ravitaillées en de reposantes haltes, les routes sombres ou brûlantes, épineuses et épuisantes des âmes voyageuses pour l'éternelle béatitude. Qui ne figurait pas ou n'était pas représenté, à celle-ci, idéale « union sacrée », bien antérieure à sa formule actuelle, de Dieu avec l'homme et des hommes entre eux ? Jetons-y un rapide coup d'œil.

En tête un piquet d'infanterie, avec tambours et clairons, et l'Harmonie de la Ville. Puis l'interminable, varié et gracieux défilé des Ecoles et des Associations paroissiales, rangées sous leurs bannières. Suivent les musiciens du 109e, qui, avec la Maîtrise de Langres, ont failli être applaudis, en particulier, aux reposoirs de l'Hôtel de Ville et de la Voie de l'Eau. Plus de 150 prêtres en habit de chœur et 30 autres en chape et en chasuble devant le Dais sous lequel Mgr de Charbonnel porte le Saint-Sacrement, dans un nuage d'encens et sous une pluie de fleurs. Immédiatement après les autorités civiles et militaires que suit une foule d'hommes et au premier rang desquelles M. le Préfet et le Colonel du 109e dont une compagnie forme l'escorte d'honneur. Pauvre et si regretté régiment dont hélas ! Chaumont vient de perdre ce qui restait de ses héroïques débris !

Tout le parcours est dessiné par des avenues d'arbres verts et de feuillages, provenant des forêts de la Ville et de propriétés particulières. Des guirlandes de mousse et de lierre, avec des nœuds fleuris qui les y rattachent, font des lignes sans fin ou des arcs de triomphe. Huit reposoirs, à leurs places traditionnelles, rivalisent de richesse, de grâce et de bon goût, s'inspirant, la plupart de la vie de Saint Jean. Celui sous le portique du Palais de Justice est fait de fusils, de baïonnettes et d'épées. Celui de l'Hôtel de Ville est digne de sa place privilégiée. Le soir, rues et reposoirs, Hôtel de Ville et Préfecture, avec beaucoup de maisons familiales, sont brillamment illuminés. Ce fut parfait.

En 1883, six ans après, revenait la même fête qui n'eut qu'à imiter et qui le fit. Disons-le brièvement, pour éviter d'inutiles répétitions. Si certains concours officiels y ont fait défaut, ce n'est pas l'heure ni le lieu de dire pourquoi. L'élan populaire n'en fut point ralenti.

Trois éloquents et zélés fils de Saint Dominique remplacent leurs frères en Saint François de 1877. Séduit par la parole facile, brillante et pratique du P. Henriot, charmé par le P. Lange, à l'entrée d'une carrière qui devait être si courte, enthousiasmé par le P. Feuillette dont sa qualité de compatriote ajoutait encore à celle d'un « orateur magnifique » qui lui fut reconnue, l'auditoire, en particulier, celui des hommes, de la deuxième semaine, est devenu et est resté foule attentive et profondément impressionnée. Notre-Dame de Bon Secours a été établie, sur un trône de fleurs et de lumières, Reine de la Mission et du Grand Pardon. Le succès est assuré.

Les cérémonies du Grand Jour sont présidées par Mgr Duboin, vicaire apostolique du Sénégal, ami particulier de M. l'Archiprêtre Sieur, qui seconda, si heureusement, Mgr Bouange, le pieux et apostolique Evêque de Langres, atteint, durant la Mission, d'un mal qui devait l'emporter moins d'un an après.

Au matin du dimanche 24, le soleil se prit à sourire, contre son habitude. Les étrangers affluaient par milliers. Musiques des Cercles Catholiques de Saint-Dizier (Gigny), et de Langres, Maîtrise de la cathédrale, Grand Séminaire, enfin les meilleures volontés du Diocèse achevaient de se rassembler. C'était bien réellement le Grand Pardon.

Célébrée par le pieux Evêque Sénégalien, la Messe Pontificale est superbe de solennité, d'harmonie et d'assistance. De même les Vêpres. Puis le P. Feuillette monte en chaire. Saint Jean, le grand témoin du Christ, par sa parole, sa vie et sa mort. Quel exemple à une heure où il faudra encore savoir parler, vivre et mourir pour Jésus-Christ et avec Lui, pour le salut du monde ! Le thème était digne de la fête, de l'auditoire et de l'orateur qui n'était pas moins Prophète qu'Apôtre.

Aux mélodies triomphales de l'orgue, sous les doigts inspirés d'un artiste, encore si jeune, le futur capitaine Joseph Bablon, mort pour la France en 1914, la procession s'avance dans ses avenues et sous ses arcs de verdure. Mgr Duboin porte l'ostensoir. Mgr Bouange ne peut suivre qu'un moment et reviendra pour l'ultime bénédiction.

Le Christ de l'Hostie s'est arrêté sur sept reposoirs qui rivalisaient de beauté pour bénir les foules agenouillées et ses musiciens et chanteurs merveilleux, étant Lui-même le musicien par excellence, *Christus musicus*, premier auteur de toute harmonie dans le monde.

Le soir, une foule nombreuse, encore calme et recueillie, se pressait autour des reposoirs illuminés, avant d'aller dormir d'un bon sommeil, après une journée si pleine de belles pensées et de saintes œuvres, comme tant de générations depuis quatre siècles, à pareil jour.

Dans le dernier quart du XIXe siècle, les Grands Pardons se suivent de près, se talonnent, faudrait-il dire. Ce temps-là en avait-il plus besoin que d'autres ? Je l'ignore. Ce que je sais, c'est que le Calendrier Chaumontais d'alors l'avait marqué d'avance.

Aussi bien ces Grands Pardons se ressemblent, se copiant en quelque sorte. 1888 reproduira 1883 comme 1894 rappellera 1877. Ils ont néanmoins quelques traits distinctifs, intéressants à signaler et qui peuvent, aussi, inspirer le Pardon de 1923. Ce qui est le but de ces notes.

Ne disons pas qu'il y eut encore ce qui peut s'appeler un désintéressement officiel du Grand Pardon. Qui ne désirait qu'il en fut autrement ? Même les esprits les moins religieux, pourvu qu'ils soient pratiquement chaumontais, assez sages et assez larges de vues pour ne considérer que l'intérêt général et toujours prêts à suivre le drapeau ou la croix, quelles que soient les mains qui les tiennent déployés au-dessus des têtes, témoin ce spirituel professeur, cet édile libéral qui, en M. Henri Soret, se révélait, une fois de plus, dans une petite brochure de sept pages, un petit chef-d'œuvre du genre, un suprême mais peut-être trop tardif appel, réclamant pour le Grand Pardon sa place accoutumée, au centre de la cité, que seul, jusque là, 1883 lui avait refusée, 1894 la lui rendra.

En attendant il faut en croire ce publiciste bien choisi, M. l'abbé Charles

Rondot, qui a rendu compte de trois de ces Grands Pardons, 1888, encadré par deux autres. « Jamais peut-être dans ce « siècle, à Chaumont, le soleil en se le- « vant, n'a trouvé d'ouvriers plus aler- « tes, d'ouvrières de tous les rangs de « la société plus actives. travaillant « avec plus d'ensemble et de fraternité» pour le Grand Pardon.

L'autre travail n'est pas conduit avec moins de bonheur, sous l'éloquente et zélée impulsion des Dominicains Vasselin et ses émules d'apostolat.

Sincères apôtres de la vérité, puisqu'ils la disent, même quand elle peut être désagréable mais bonne à savoir et ils la disent si bien. Ils seront écoutés jusqu'au bout, avec quel intérêt, surtout par les hommes de Chaumont et d'ailleurs.

Qu'elle est curieuse la physionomie chaumontaise en ce nouveau 24 juin. Voies ferrées et autres ajoutent encore des foules à celles déjà rassemblées. Chaque maison est devenue si hospitalière. Plus de table à rallonges chez les ébénistes. Mais si Chaumont n'est plus qu'un hôtel, il n'est non plus qu'une Eglise, Cathédrale commune à plusieurs Evêques. C'est le premier Pardon où ils soient aussi nombreux. Ils semblent saisir plus volontiers ces pieuses occasions de se rapprocher du peuple qui, en retour, se masse autour d'eux, ses chefs spirituels, ses défenseurs non moins civiques que religieux contre ses pires ennemis, ceux de l'intérieur, de l'esprit et du cœur, les erreurs et les passions.

C'est à nouveau Mgr Duboin, du Sénégal, qui trouve encore plus d'animation et de piété qu'en 1883. C'est l'Evêque de Dijon, le futur cardinal Lecot, visiblement heureux que son prédécesseur de 1810 n'ait pu supprimer le Grand Pardon. C'est l'Evêque de Langres, surtout, le vénéré Mgr Larue qui présidera trois de ces Pardons et fait, avec joie, les grands honneurs de celui-ci à un autre Cardinal en espérance, Mgr Foulon, le Métropolitain de Lyon. Une amitié de cinquante années les unit et les honore l'un et l'autre.

Mais les Evêques ne font pas qu'honorer et bénir dans les splendeurs et les harmonies des Messes et des Vêpres pontificales. Ils y parlent aussi, bouches autorisées et obligées de la vérité, cette fois, par les lèvres éloquentes de Mgr Lecot. Ils continuent, lui et ses pareils, l'œuvre de Jean-Baptiste qui est d'enseigner et de défendre les vérités de foi et de raison, qui éclairent et moralisent le monde, quoiqu'il puisse leur en coûter, au grand bénéfice de ces deux patries qui s'appellent l'Eglise et la France.

Ouvrez les portes. Qu'on prêche à tous l'austère enseignement, le grand exemple de Jean-Baptiste. Superbe leçon de choses, Mystères anciens à la façon nouvelle, cette procession solennelle où les Evêques vont, comme Jean-Baptiste, montrer le Christ dans les rues fleuries, plusieurs décorées de magnifiques arcs de triomphe, sur les places qui n'ont peut-être jamais mieux figuré celles ou parut le Précurseur : Au Palais, les bords du Jourdain, où il baptise ; rue Bouchardon, le désert où retentit sa parole ; en face de la Préfecture, sous les grands arbres où va se dresser le monument franco-américain, et où l'on va, **en faisant le tour** du Boulingrin; le reposoir de l'Hôtel de Ville qui fait briller la Croix triomphante, annoncée par Saint Jean ; place de la Gendarmerie où le même Saint Jean, debout sur une roche, montre l'Agneau de Dieu, immolé pour le salut du monde ; puis, en mousse la voûte de la Motte antique, d'où le Christ bénit et sous laquelle on passe librement, significatif symbole ; enfin, à la Voie de l'Eau, Jean de Montmirel, l'inventeur du Pardon, qu'il reçoit de Sixte IV.

Plus de deux cents prêtres dont plusieurs venus de si loin, comme l'abbé Jean Pardiac, de Bordeaux « le chantre « du saint Précurseur » et, pour achever l'enchantement, idéales harmonies des voix et des instruments de Langres et d'ailleurs.

Mais il faut réserver, dans cet article, au moins, une petite place pour le Grand Pardon de 1894, qui ne pouvait mieux couronner la série. Lui, aussi, a eu ses Frères Prêcheurs, le P. Vasselin, entendu avec un nouveau et si agréable profit, le P. Vincent Maumus, en qui se revoient la logique de Saint Thomas d'Aquin et le zèle de Saint Dominique, le P. Lebrun, plus jeune mais déjà si fort, si élevé et si beau. Ils feront un bien immense aux

Chaumontais et aux autres que l'Evêque de Langres a instamment conviés aux fêtes de Saint Jean. On a compté, aux Conférences des hommes, plus d'un millier d'auditeurs attentifs et recueillis.

Cette fois le Pardon est vraiment *grand*. Il est partout, de tous et pour tous. « Partout c'est une aimable riva-
« lité d'entrain, de bonne humeur, d'i-
« dées gracieuses, de conceptions ori-
« ginales. C'est à faire désirer que le
« Grand Pardon arrive chaque année,
« tant son influence adoucit les querel-
« les, chasse les discordes, rétablit les
« relations, met un trait d'union entre
« le vieux Chaumont et le nouveau. » La fête est Chaumontaise. La verdure a repoussé dans les forêts chaumontaises. Il y en aura pour les rues chaumontaises qui n'auront jamais été si belles. La place chaumontaise aura son reposoir chaumontais. L'Harmonie Chaumontaise, réorganisée, à cette occasion, en sera. Des reposoirs il y en aura plus que jamais. Les habitants de Saint-Aignan, touchés en 1888 d'avoir été frôlés du cortège sacré, veulent qu'en 1894 il s'arrête chez eux et décident un reposoir au Champ-de-Mars où l'on ira, en quittant ces Messieurs du Palais et leur reposoir traditionnel. Place de la Gendarmerie, reposoir de Jeanne d'Arc, en route pour devenir la sainte Patronne de la France, avec *Te Deum* en son honneur, précédé d'une marche de l'Harmonie. La Religion et le Patriotisme ne font qu'un au Pardon. Après l'Hôtel de Ville dont nous

parlerons tout à l'heure, l'arc de triomphe de la rue Toupot, œuvre d'une famille, celle d'un futur prêtre d'où les Evêques béniront encore la Ville, place des Capucins, superbe balcon à double rampe. Square Philippe-Lebon, gagné par le long détour de la rue des Remparts, le reposoir du Sacré-Cœur de l'Homme-Dieu, le vieil ami des Francs d'où retour triomphal à l'Eglise. Une dernière fois, tous les échos en vibrent au son des cloches et des orgues, des voix et des cuivres. maîtrise, Grand Séminaire, Cercle Catholique de Langres. fanfares de Cousances et du Collège de Saint-Dizier, etc.

Les Evêques qui la présidaient, étaient dignes de la fête. Avec Mgr l'Evêque de Langres, Mgr Oury, prélat courageux qui a suivi le drapeau français sous toutes les latitudes, Evêque de Dijon, député par la Bourgogne, et Mgr Turinaz, Evêque de Nancy, député par la Lorraine. Celui-ci, avait célébré, une heure durant à Saint-Jean, le suprême prophète, le premier des Apôtres et des Martyrs du Christ, et appelé les lumières de son esprit et les énergies de son âme sur les chrétiens des temps nouveaux et leurs chefs spirituels. Au reposoir de l'Hôtel de Ville, l'Evêque de Nancy, debout sur la plate-forme, crosse en main, mitre tombée, est superbe à voir. Il est entendu de toute la foule entassée sur la grande place : « Honneur, s'écrie-t-il, à « vous, pieux habitants de Chaumont. « Vous nous montrez que la Religion

« n'est pas morte en France. Honneur « à tout ce peuple pressé autour de « ses Evêques qui ne sauraient l'aimer « plus et sont fiers de lui. »

Le soir, la procession se refaisait par groupes paisibles et contents, dans la nuit illuminée comme le jour. Contraste et larmes des choses. A Lyon, le Président de la République tombait frappé par un scélérat étranger, mais ayant reçu de l'Archevêque sa part du Grand Pardon.

CHAPITRE IV

Les premiers Grands Pardons du XXe Siècle

§ I. — Grands Pardons de 1901 et 1906

Celui du 23 juin 1901, par sa date liturgique du 24 juin 1900, appartient encore au XIXe siècle. La coïncidence de ce Jubilé Chaumontais, avec le Jubilé universel de la fin du siècle, l'a fait transférer au dimanche voisin du 24 juin 1901. Il aurait achevé la série séculaire précédente ; il commence superbement la nôtre. La plume d'un futur Evêque qui signe A. F. dans son récit quasi-officiel, débute ainsi : « Les solemnités « du Grand Pardon ont dépassé en « splendeur les espérances, même les « plus optimistes. Les fêtes de 1888 et « 1894 avaient paru si grandioses et si « belles qu'on se demandait si celles de « cette année ne leur seraient point inférieures... La fête du Grand Pardon « a été plus belle que jamais. » Effectivement, le Grand Pardon suivant a toujours, au moins, une beauté que le précédent n'avait pas.

Un jeune Evêque de Langres, Mgr Herscher, et un nouvel archiprêtre de Chaumont, M. le chanoine Villard, font un vibrant appel, celui-ci à ses paroissiens et celui-là à ses diocésains. Il porte plus loin que le but immédiat.

Ce sont des Frères-Prêcheurs noirs, trois remarquables missionnaires de Lyon, MM. Canard, Girard et Perrin, qui, durant les trois semaines réglementaires, remuent et travaillent les consciences Chaumontaises et les autres mêlées à elles. Le premier, écrit N. A. dans l'*Echo,* « a « une voix sonore, la parole facile, par« fois éloquente qui émeut, le geste ani« mé, le style imagé... fleuri, mêlé d'a« necdotes... Le tout clair et ordonné. » Le second « a une facilité supérieure « d'élocution, de l'élan, de splendides « envolées qui impressionnent et trou« blent profondément, mais salutaire« ment les âmes ». Chez le troisième : « pas ou peu d'exode, bel organe, lan« gage splendide, éloquence sobre, geste « contenu ; en quelques phrases conci« ses il dit tout ce qu'il veut dire ; très « courte mais toujours émouvante péro« raison. » Aussi, malgré chaises dédoublées, bancs ajoutés, coins et recoins occupés, beaucoup restent debout. L'église aurait besoin de rallonges. Plus de 800 à 1.000 hommes à leurs Conférences spéciales. Aux réunions générales, 2.500 voix, peut-être, exécutent les chants de la Mission.

Du dehors, même empressement ; les trains sont doublés et les employés aussi. Le 23, plus de 15.000 voyageurs. En y joignant les pèlerins, venus les autres jours et par d'autres voies, on arrive au chiffre de près de 25.000. Six Evêques sont les hôtes illustres, les Pontifes bénissants et les bouches éloquentes du Grand Jour.

C'est, à leur tête, Mgr Larue, archevêque de Péluse, *in partibus infidelium* qui goûte un bonheur et ressent une fierté bien réciproques de se retrouver *in partibus fidelium* et de célébrer en famille, dans son ancien diocèse, son demi-siècle de sacerdoce.

C'est Mgr Theuret, un ami de 80 ans pour les Evêques de Langres, le 92e des Evêques de France par son voisinage de Monaco.

C'est Mgr de Pélacot, Evêque tout voisin de Troyes, dont Saint Jean emprunte la voix si sympathiquement éloquente pour prêcher, à la troisième Messe Pontificale, l'austère sujet du jour, la Pénitence évangélique, condition normale des Pardons divins.

C'est Mgr Béguinot, de Nîmes, le Fléchier contemporain, un compatriote par ses ancêtres de Mirbel, qui, aux Vêpres pontificales, donne, dans un discours long pour lui seul, un portrait, fait de main de maître, de l'homme, du saint et du martyr que fut Saint Jean.

C'est enfin Mgr Dubourg, de Moulins, le Pontife de la plus grande messe, qui sera remercié d'avoir rapproché, à Chau mont, deux autres extrémités de la France et mis, par sa qualité de Breton, du pays des Pardons, l'Alsace de l'Ouest, en fraternel contact, avec la Bretagne de l'Est de Mgr Herscher. Celui-ci cède modestement le pas à tant de Grandeurs qui n'effaceront pas la sienne.

Chaumont s'est fait digne d'elles, Lui qui, une fois de plus, s'est efforcé de n'être pas trop indigne d'une plus grande qu'elles venues, et de si loin, lui rendre un triomphal hommage. La voie sacrée s'est surpassée. Qui fait, à l'avance, le parcours tout à l'heure suivi par la Procession, s'arrête émerveillé à l'entrée de ces rues, du Palais, de Buxereuilles, Chamarandes, Toupot, de la Gare, Girardon, Saint-Jean, etc., transformées en vertes forêts de sapins, reliés par des guirlandes de mousses qu'égaient des roses et autres fleurs jetées à profusion. A certains endroits une voûte de verdure fleurie jusqu'à gêner le passage du dais monumental des vieux Pardons. Forêts et jardins ont été dévalisés. Que de temps, d'argent, d'art et de goût cela suppose !

Et que dire, cette fois encore, des Reposoirs ? Plus cela change, plus c'est pareillement beau. Au Palais: prison de Saint Jean, revêtue de mousse. Au bout de la rue Bouchardon : Notre-Dame et, à ses pieds, deux groupes vivants, des Anges et Saint Jean qui offre à boire à Jésus-Enfant. Boulevard Gambetta : Gracieux hommage à Jeanne d'Arc, œuvre de Saint-Aignan. Place de la Gendarmerie : Rocher de Saint-Jean, sous une chapelle, avec son campanile et sa cloche, brûlée le soir. Sur la Grande Place, Chapelle à deux faces. L'une où est l'autel et les gradins, regarde, de près, l'emplacement de la Tour du Barle, ancien Hôtel de Ville, l'autre, regarde l'Hôtel de Ville actuel, une *Mater dolorosa,* fixant la Croix à ses pieds. Place des Capucins : Saint Jean au désert, auprès d'une source. Place de la Gare : le Sacré-Cœur. Voie de l'Eau : Un calvaire. Il faudrait citer à l'ordre les artistes. Ils le furent alors.

Au cortège de la Procession, après l'immense et gracieux défilé féminin, les élèves des Catéchismes, des Frères, les petits Chevaliers de Saint-Jean, le Patronage des Abbés Durand, le Collège de Saint-Dizier, les Séminaires, des centaines et des centaines d'autres jeunes gens et hommes s'ajoutant à ceux de Chaumont, notamment le Cercle Catholique, les Patronages de Saint-Dizier, d'où étaient venus plus de 1.500 pèlerins, et chantant, avec une pieuse crânerie, les hymnes et cantiques sacrés. Avec les voix artistiques de la Maîtrise de Langres alternaient, aux diverses cérémonies les trompettes du Patronage de Chaumont, la fanfare du Collège Troyen de Saint-Bernard. Mais les félicitations les plus chaudes et même les bravos des mains épiscopales allèrent aux musiciens de l'*Harmonie de Saint-Dizier* qui, d'accord avec leurs camarades de l'*Harmonie Chaumontaise,* prêtèrent aux Offices et à la Procession le plus brillant concours et offrirent un concert ravissant au banquet, après la Messe Pontificale.

L'enthousiasme était à son comble et se traduisit, le soir, par une splendide illumination non seulement des reposoirs, mais, ce qui ne s'était pas encore vu, du moins, au même degré, du parcours de la Voie Sacrée, où l'on se sépare, tardivement, en se donnant un rendez-vous, assez prochain, au 24 juin, 1906.

Au 24 juin 1906, était ouverte une ère nouvelle qui, si elle avait changé l'attitude de l'Etat à l'endroit de l'Eglise, n'avait pas touché aux relations des âmes à l'endroit de Dieu. Le Grand Pardon restait une favorable occasion de les rendre meilleures. L'événement l'a montré.

Mgr l'Evêque de Langres et M. l'Archiprêtre de Chaumont firent entendre leur coup de clairon réglementaire. Présent ! tel fut la réponse générale. Un compte-rendu quasi officiel, signé E. L., une signature chaumontaise, l'a fait voir dans le détail. Nous avons hâte forcée de finir ces notes déjà trop radotantes. Voici quelques-unes des particularités les plus intéressantes du Pardon de 1906.

Saint-Jean de Lyon a renvoyé à Saint-Jean de Chaumont les trois heureux missionnaires de 1901. Même accueil et même succès. Le concours du dehors n'est pas moindre. L'activité et le goût pour décorer la Ville se surpassent, comme toujours. Deux Messes célébrées en plein air, pour faciliter l'assistance à la Messe, l'une au Reposoir du boulevard Gambetta par M. l'abbé Mariet, curé de Saint Aignan, l'autre, route de Langres, par M. l'abbé Moliard, directeur des « Jeunes ».

Cinq Reposoirs : Boulevard Gambetta, *La Religion et l'Art* ; place de la Gendarmerie, *N.-D. de Lourdes* ; place la Motte, *Le Donjon* ; place des Capucins, *Baptême de Notre-Seigneur* ; rue Pasteur, *Palais d'Hérode*. Chants supérieurement exécutés par la Maîtrise nouvelle, le Petit et le Grand Séminaire. Hymnes et cantiques par les hommes. Fanfare de la Jeanne d'Arc, de Belfort, des Jeunesse Ouvrière et Bourguignonne de Dijon, Trompettes et Clairons des Jeunes de Saint-Dizier et de Chaumont. Ces Sociétés et d'autres, au total de quinze, attirées et par la fête religieuse du Grand Pardon et le Concours de gymnastique, très réussi, du lendemain. Celui-ci complément de celle-là *Mens sana in corpore sano*. Seulement deux Evêques, Mgr Herscher de Langres et Mgr Dubois, de Verdun, d'autres se réservant ou réservés pour une fête plus épiscopale encore, le sacre de Mgr Villard, qui hélas ! n'aura pas vu d'autres Pardons. Celui-ci, combien le verront et non plus n'en verront pas d'autres. C'est double fête, 1917 et 1923. Autant de raisons de la célébrer supérieurement.

Un dernier mot. Celui de la Ville de Chaumont à l'Antique Théâtre des *Vertus :*

Servez-vous du bonheur de ceste occasion,
Ecoutez leurs discours avec attention,
Instruisez vos esprits, esclaircissez vos doudtes.
Ces vertus quelquefois se peuvent séparer :
Vous pourrez bien ailleurs ne pas les rencontrer.
Il n'y a que Chaumont qui les possède toutes.

Ce jour-là, du moins, 24 juin 1923.

Charles METTRIER,
Archiprêtre honoraire.

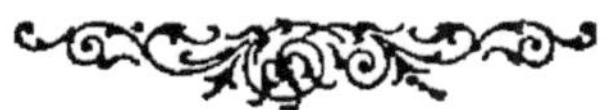

§ II

PROGRAMME DU GRAND PARDON

DU 24 JUIN 1923

Fête Quatre fois Séculaire

Présidée par Son Éminence

Le Cardinal DUBOIS, Archevêque de Paris

HONORÉE DE LA PRÉSENCE

de Leurs Grandeurs Nos Seigneurs

LOUVARD, Évêque de Langres ;

MONNIER, Évêque de Troyes ;

De DURFORT, Evêque de Poitiers ;

GRENTE, Évêque du Mans ;

CHAUVIN, Évêque d'Évreux ;

FLOCARD, Èvêque de Limoges ;

CHAMPAVIER, Évêque de Marseille.

Ordre de la Procession

1° Paroisses du dehors.
2° Paroisse Saint-Aignan.
3° Patronage des petites filles.
4° Patronage Jeanne d'Arc.
5° Pensionnat libre de Mlle Bouquillard.
6° Pensionnat libre : « l'Institution Chaumontaise. »
7° Chœur de chant des demoiselles de la Ville.
8° Congrégation de la Sainte-Vierge.
9° Confrérie des Mères Chrétiennes, Ligue patriotique des Françaises et Dames de la paroisse.
10° Religieuses de Bon-Secours et de l'Hôpital.
11° Catéchisme des petits garçons.
12° Ecole libre Oudinot.
13° Statues de Saint Jean-Baptiste et de l'Enfant Jésus avec leur escorte d'honneur.
14° Clergé en surplis.
15° Nos Seigneurs les Evêques.
16° Le Très Saint-Sacrement.
17° Les Messieurs du Comité paroissial de Saint-Jean, de Saint-Aignan. Les Messieurs invités à porter un cordon du dais.
18° Les membres de la Conférence de Saint-Vincent de Paul.
19° Chorale Saint-Jean (à laquelle sont priés de se joindre les chanteurs de bonne volonté).
20° Les Jeunes.
21° Œuvres de jeunes gens. Hommes.

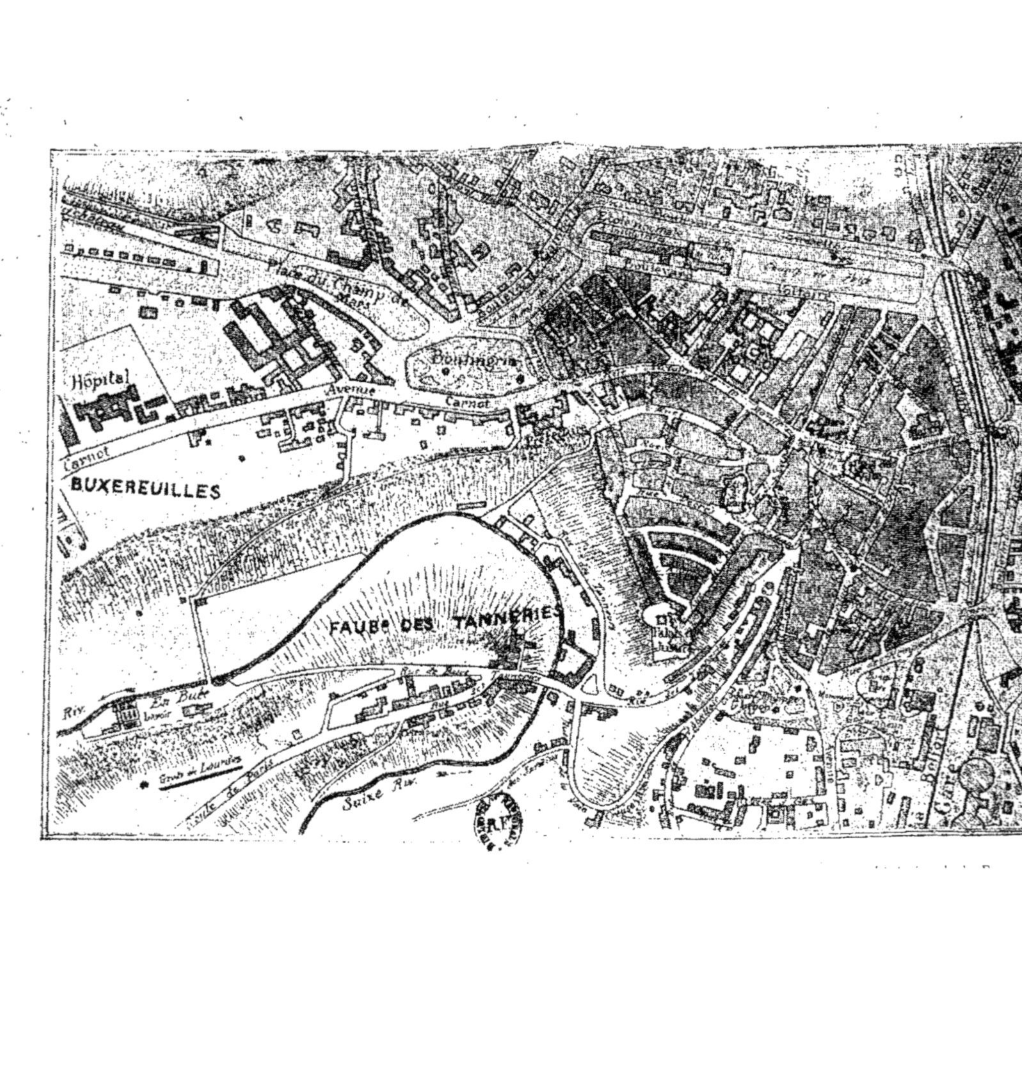

Place du Champ de Mars
Boulingrin
Hôpital
Avenue
Carnot
Carnot
BUXEREUILLES
FAUBG DES TANNERIES
Riv.
En Bue
Lavoir
Grotte de Lourdes
Suize Riv.
Gare

Itinéraire

1° Rue Saint-Jean.
2° Rue Victoire de la Marne, 1er REPOSOIR.
3° Boulevard Barotte.
4° Boulevard Gambetta, 2e et 3e REPOSOIRS.
5° Boulevard Thiers, 4e REPOSOIR.
6° Rue de Chamarandes.
7° Place de l'Hôtel-de-Ville, 5e REPOSOIR.
8° Rue Laloy.
9° Rue Toupot, 6e REPOSOIR.
10° Rue Victor Mariotte.
11° Rue Pasteur.
12° Côte Saint-Jean, DERNIÈRE BÉNÉDICTION.

Exercices religieux

Samedi 23 Juin

A 8 h. 3/4. — Cérémonie de la Confirmation.

Dimanche 24 Juin

A 7 heures. — 1re Messe de Communion par un des Evêques présents.

A 8 heures. — 2e Messe de Communion par un des Evêques présents.

A 9 h. 1/2. — Entrée processionnelle des Evêques par les rues Girardon et Saint-Jean.

A 10 heures. — Grand'Messe pontificale par Sa Grandeur Mgr Flocard. — Allocution. — Les chants seront exécutés par la Chorale Saint-Jean.

Des messes seront dites à la Grotte de Lourdes.

A 14 heures. — Entrée processionnelle des Evêques.

A 14 h. 1/2. — Chant des Vêpres présidées par Sa Grandeur Mgr de Durfort. — Panégyrique de Saint Jean-Baptiste par Sa Grandeur Mgr Grente, évêque du Mans. — Procession dans l'intérieur de la ville.

Lundi 25 Juin

Tous les offices auront lieu à la grotte de Lourdes :

A 9 h. 1/2. — Grand'Messe pontificale.

A 14 heures. — Récitation du chapelet.

A 14 h. 1/2. — Vêpres solennelles.

A 20 heures. — Procession aux flambeaux.

Mercredi 27 Juin

A 20 heures. — Salut. — Sermon.

Jeudi 28 Juin

A 9 heures. — Service solennel pour les défunts de la ville et particulièrement pour les Morts de la Grande Guerre. — Procession au Cimetière. — Absoute. — Allocution.

Vendredi 29 Juin

A 20 heures. — Salut. — Sermon.

Dimanche 1er Juillet

A 20 heures. — Salut solennel de clôture du Grand Pardon.

Pierre HENRY,
Curé-Archiprêtre de Chaumont

Société Nouvelle d'Imprimerie Champenoise
:: :: 1, Rue Decrès — Chaumont

Société Nouvelle d'Imprimerie Champenoise
:: :: 1. Rue Decrès — Chaumont :: ::

www.ingramcontent.com/pod-product-compliance
Ingram Content Group UK Ltd.
Pitfield, Milton Keynes, MK11 3LW, UK
UKHW020946180726
13838UKWH00003B/1146